AF431627

عناق خطير للريح

اسم الكتاب	:	عناق خطير للريح
تأليف	:	منار السماك
مراجعة لغوية	:	جميل داري
إخراج فني	:	أسماء أبو المجد
تصميم الغلاف	:	أحمد وهبة
رقم الإيداع	:	190/د.ع/2024
الترقيم الدولي	:	978-99958-2-336-8
الناشر	:	اسكرايب للنشر والتوزيع

للتواصل معنا

scribe20199@gmail.com

+201005079256

+201099727510

دار اسكرايب للنشر والتوزيع

جمهورية مصر العربية

عناق خطير للريح

ديوان شعر

منار السمَّاك

اسكرايب
للنشر والتوزيع

الإهداء

إلى كلِّ الذين عانقوا الريح في عوالمهم البعيدة.

بين ذرات الريح

حينما شرعت في وصف آهات نفسي، وتجلِّيات أمنياتي حاولت قدر الإمكان التخفِّي في مجاز متاح، وأفق مفتوح على الجهات .. تنقَّلت في ظلَّ قدرة التحليق الحرفيّ لطيِّ مسافات الاغتراب المتباعدة ما بين وصف وتصنيف حتى حطَّت حمامتي على أيكة (عناق خطير للريح). أعارك الألم، وأستدرج الأمل، وبينهما طريق تمتد منِّي إليَّ، في عناوين وصور شتَّى لم أقف بين عباب التغييب، ولم أسقط في هاوية الاستسلام .. ظلَّت كلماتي تترقَّب الأفق بحدقات شاعرة، مشاعرها إنسانيَّة لا تهرب من الواقع، ولا تنفصم عنه، ولم تغطَّ في عتمة الرمال، بل صدحت بملء القلب المليء بالحزن الجميل.

وجدتني هنا صريحة كي لا أتَّهم بالوهم، بل بالخيال الحالم الذي يطير، ثمَّ يحطُّ على أغصان الحياة.

ها أنذا أحبو رويدًا رويدًا على طريق أعتقد ضمنًا أنَّ الكثير من رفاق الحياة يرتدون فسيفساء أوراقي، لنسير معًا، نسبر أغوار المشهد، لعلَّنا نهتدي، أو نتكامل في المسير ..

من هنا انطلقت فلسفتي الوجدانية، أدوِّن مفردات قريبة من نفسي، وأشذِّب جملًا وصورًا خرجت بحلَّتها (عناق خطير للريح) مولودًا جديدًا أتوسَّم فيه الأناقة الفكريَّة، والاعتدال اللفظي، وأهتدي بمنهجية الواقع، ويوميَّاته التي لم أخرج فيها من عجلة الزمان إلَّا وأنا أجيد فنون ترجمانها..

هي روحي الشفَّافة الراكضة بين السطور، فمَن ألتقط لها الصور أمنحه شكري وتقديري، ومَن لم يسعفه الطيران في شغاف أمنياتي الشاردة فسأمنحه العذر والسماح، لعلَّنا نلتقي في تحليق جديد مع هبوب الريح، أو عكس اتجاهه.

الشعر في النهاية بلسم لا غنى عنه في رحلة الألم والأمل.

منار السماك

مقدمة

الشاعرة منار السماك تجري في دمها القصيدة، بها تتنفّس، وتنفض عن نفسها الموات.

بعمق فكري وشعوري تجنح إلى البساطة في التعبير، فلا تريد أن يكون هناك حاجز بينها وبين مَن يقرؤها، فالشعر نبض مشترك لا يكفّ عن التدفّق.

لدى الشاعرة موروث عميق من الأسى والخيبة والهجران، تنوء بها النفس الجيّاشة بحبِّ الحياة على الرغم من كلّ منغّصاتها التي لا تنتهي، ولا تكفُّ عن البوح الشجيّ.

نصوص محبوكة بالعقل والقلب معًا، تتعانق فيها الأحلام والأوهام، والحقيقة والخيال في لوحات فنّية تترك في النفس أثرًا بعيدًا من الحزن الذي لا تخلو منه قصيدة.

ديوان حافل بالصور الخيالية الجميلة التي استطاعت الشاعرة منار أن تعبّر عنها بكلّ وضوح، فالشعر عندها سلاح للدفاع عن حصتها من ضوء الحبّ والحرّية.

الشاعر جميل داري

عشتارُ عادَتْ

قيلَ: عشتارَ ماتتْ والحبُّ سجين

ونحنُ مازلنا مع ليل الحنين

نسينا أنَّنا في بكاءٍ من سنين

هائمينَ، عاشقينَ، نموتُ، ولا نموتُ

برغم السنينَ نبني أسوارَ البيوت

تغطِّي عريَ التائهين

ونكتبُ فوق الماءِ

حكاياتِ الأنين

كلُّ النجومِ فرحٌ

وفي طريقِ الحبِّ زهرةٌ

إنَّ سقفَ البعدِ انهارَ، وغاب

التقينا بعد أن طالَ السهاد

هل تعودُ الشمسُ يومًا

من منافيها البعيدة

ويغنّي العصفورُ فوق الرابية

لحنًا من قصيد؟

إنّها عشتارُ عادتْ

من دورب الاغترابْ

تساؤلٌ

كانوا هنا

كالملائكةِ كانوا هنا

كيفَ، ومتى، وأينَ رحلوا

هل مَاتوا

هل قُتلوا

ارتدوا ألفَ ألفِ لونٍ من الأقنعةِ

داسوا على الزّجاجِ

ربما ظنّوا أنّه الخُبزُ

وخابَ ما ظنّوا، واعتقدوا

لم يكن زجاجًا

لا خبزَ للفقراءِ

لا ماءَ للحبِّ

وَلا قلبَ للشغفِ الشفيف

كانتْ رفاتَ تلكَ الملائكةِ

فويحَ ما قتلوا

وما دفنوا

رعشةُ الخوفِ

أرواحٌ تُزاحم روحي

حتى الشّغفُ القديم

باتَ يزاحمُها على الطريق

ما عادتْ رعشةُ الخوفِ

يتراقصُ خوفُها من الرحيل

هناك دفقٌ من ضوء

متعبٌ من الظلام

قلّدَهُ الشتاتُ قلادةَ القلق

لتذكّرَها باستمرارٍ بمأساتِها

بلا نهايةٍ تفتحُ ذراعيها

لسماءٍ شاهقة

تجثو عند بابِ الذكرياتِ

تتواثبُ الأماني المنسيّةُ

يداعبُها، يلاعبُها

الرحيلُ تارةً

وتارةً أخرى يطوّقُها الشقاء

يلقي بها على الوسادةِ

الخاليةِ دونَ عناقٍ

تدسُّ رأسَها

لتخفيَ ملامحَها

في أعماقِ حزنِها المعتقِ

احتفاءٌ

دعْنا معًا نحتفِ

أكلَتِ التخومُ من أيامِنا

وبدَتْ لنا كلُّ الأرضِ قاحلة

تدفَّقَ اليأسَ من قلوبِنا

والجرحُ فينا يشتهي الاندمال

ماذا تعلَّمْنا من الأتراح والأفراحِ

دعْنا معًا نحتفِ بغربةِ الأيامِ

ونغدو كالأحلامِ

عندما يخنقُنا الصبرُ

نرتدي طاقيةَ الإخفاءِ

ونرحلُ

نودِّعُ الواقع ونمحو آثار الوقائع

أنفاسُكَ

أنفاسُكَ كعطرِ الوردِ

كشجرةِ البرتقالِ

تفوحُ منها رائحةُ الذكرياتِ

الخبزُ في التنور

أجراسُ الكنائسِ وأذان المساجد

في محرابِ القدسِ العتيق

الضحكاتُ

الدّموعُ

الأغنياتُ

الأمنياتُ

الرصاصُ

حلمٌ بفجرٍ جديد

كشعرِك الأسود

وخصلاتٌ بيضاءُ

تغازلُها أصابعي

تستنطق الحلم..

وربما تحرك الذكريات

وقوفٌ

وأنا أقفُ عند بابِ سمائكَ

أستمع لنبضِ قلبِك

يحاكي ذاكَ الحبَّ السرمدي

وانتشاءَ نشوةِ العشقِ الأبديَّ

وغيرتُك كوردٍ قرمزيّ

يتخطَّى حدودَ اللاحدودِ

عيناكَ نهرٌ من شهدٍ

تسبحُ فيهِ الحورياتُ والجنّياتُ

وأنا أقفُ خلفَك وأمامَك

ألتمسُ الحنانَ

من أعماقِ بحرِك الهائج

بالموجِ الأزرقِ

في تشرينَ

ضحكٌ

الظلامُ يضحكُ

من سخريةِ القدرِ

يتلاطم في المغيب..

ويقفز عند طلة القمر..

وخزةُ الكلماتِ موجعة

كرصاصٍ صوبَ صدري

يضربُ بسيفٍ أعمى

استقرَّت رصاصاته

بين وشائج القربى

حتى اقترب المصيرُ

فرأيتُ النياتِ

ثغرها الظمأ

والموتى يمدُّون أذرعَهم

في متاهات عالمِ الوهم

دنّسَ مثياقَ الوفاءِ

وبدا بينَ القبورِ

الظلامُ يضحكُ

وتتعرى المشاهد

كخفايا القلوبِ

أرى هذا العالمَ عاريًا دونك

غرسَ الحنينُ شوكَه في الغيابِ

وشغافنا أبوابُها من حديدٍ

مؤصدةٌ

لا تتركُها المكائدُ والغيرةُ

ولا ذلكَ الجنونُ النرجسيّ

الذي يتلبَّسك كمسٍّ
أحتاج ستارًا من رحمةِ الربِّ
فالبكاءُ أغرقَني
في نهرٍ يمتصُّ دمي
ويجفِّفُ أحلامي

سوادٌ

قطعةٌ سوداءُ

فستانٌ من حريرٍ

قطعةٌ سوداءُ

أحرقَها الماءُ

باتَ العالمُ حولي يشبهُ نفسَه

الليلُ، النهارُ، البحرُ، الجبالُ

وأنا وأنتَ

والراءُ والنونُ

أيّها النايُ الحزينُ

كفَّ عن عزفِ اليأسِ

فقد أفرغَني بقاع كأسِه

دعْني، أمنِّي نفسي بالأماني الجميلةِ

علَّ ملاكًا يحملُها على جناحِه

وينثرُها لتتفتّحَ وردًا بالجنّة

ليلةَ البارحةِ شاهدْتُ السماءَ

كانتِ النجومُ تحرسُ فستانًا من حريرٍ

انسلَّ منهُ خيطٌ يقطرُ

منهُ دمعُ أنثى

نسِيَتْ قرطَها الماسيّ

فوقَ وسادةِ عاشقٍ

حُلمٌ

صمتٌ مبتورٌ دخلَ أوردتي

كشوكٍ مسمومٍ

مختبئٍ في صفحاتِ الأيامِ

لكنَّه يحلمُ بذاكَ الحلمِ

موعدًا مع قبلةِ موجٍ بأحضانِ البحرِ

النورسُ كانَ رافعًا جناحيهِ

معانقًا صمتًا مبتورًا

وقلبُ أنثى ينزفُ بقاياه

من كعبِ أخيلَ

كلّما حطَّتْ مراسيها

زادَ الوجعُ فيهِ

وتظلُّ تسألُ حلمَها

أما آنَ لروحِها أن تستريحَ

أما آنَ لروحِها أن تستريحَ

أزمنةٌ

أزمنةٌ احترقَتْ فيها النهاياتُ

عندَ خطَّ النارِ

احترقتِ البداياتُ

كانَ الثّوارُ هناكَ

عند خطِّ النارِ

والشّعراءُ رفعوا الراية الزّرقاءَ

من فوقِ المنارةِ

التي كانتْ تقامُ

فيها طقوسٌ سرِّيةٌ

يمنعُ فيها أنْ تفتحَ فمَك

حتى لا تبتلعك الأرضُ

هناكَ خلفَ البحرِ

تسمعُ أجراسَ الكنائسِ

وأصواتَ المآذنِ

بعد أنْ فاضَتْ دموعُ النساءِ

ترقُّبٌ

عيونٌ ترقبُ

النهارُ ينزفُ

وقتَها

تحرَّكَ الجبلُ من خلفِه

كانتْ تركلُ الجثثَ بأحذيتِها السوداءِ

تركلُها بعيدًا

نحوَ السماءِ

نحو البحرِ

نحو الشَّمسِ

نحو المدنِ الغارقةِ بالأشباح

خلفَ شجرةِ البرتقالِ

كانتْ عيونٌ ترقبُ

تبكي المجهولَ

فما عادَ الهواءُ يصفو

وما عادَتِ الكأسُ تثمل

فالطيور بلا تغاريدَ

والعصافير بلا عيد

كل النهاراتِ هنا تنزفُ

على جدارِ الكنيسة

أجراس تعزف

تلوح بأسماءِ الشهداءِ

دم ولحن عشق ووفاء

الصوتُ والليلُ

عالمٌ يختبئُ فيهِ الصوتُ

الريحُ لا تتوقَّفُ

الليلُ محشوٌّ بالغاوياتِ

الأجراسُ معلَّقةٌ على النوافذِ

فوقَ السّريرِ

يمرق بعطر نافذ

يعتريه الخجلُ والرغبةُ

جديلةُ عشتارَ

تكمن في أوتارها الأسرار

كقيثارةِ دهر الوافدين

قربَ المصباحِ الصغيرِ

دفترٌ كتبتْ فيه أشعارٌ

بلغاتٍ تكتنف الأسرارَ

عالمٌ يختبئُ فيهِ الصوتُ

تنعقُ فيهِ الغربانُ

يقرقرُ فيهِ الوطواطُ

تنامُ البومُ ليلًا

تحتسي خمر الحياء

تكبرُ الحيتانُ وتنفر الفئرانُ

تصغرُ المدنُ الموانئُ

تضيقُ الطرقاتُ

تنعس الحدقات

ترسم خرائط ومراثي

على المرآة

شعلةُ الشَّوقِ

أسيرٌ في عينيكَ آلافَ الأميالِ

كشعلةٍ من الشوقِ

وحولي أفواهٌ عاريةٌ

وضحكاتٌ تمرُّ على عجلٍ

تعوي الرّيحُ من خلفِها

تقفلُ الأبوابُ والحاناتُ

وتنامُ فوقَ وسادتي الأمنياتُ

رأسي محشوٌّ برفوفٍ

وضعتْ فوقَها الذّكرياتُ

تتساقطُ فوقَ بعضِها

وما زلتُ أسيرٌ في عينيكَ

آلافَ الأميالِ

صورتُكَ

أرى صورتَكَ معيارًا

لكلِّ الوجوهِ

كلِّ الأمكنةِ والمرايا

بل الحياة والحتوف

لا أريدُ أنْ تختفي

وتصبحَ سرابًا

بعد أن بحثت عنك الآفاق

في الحدقاتِ..

وبين عيونِ الأطفالِ

وسحر النظرات

بين حبّاتِ الرمالِ

وفي أعماق الذات

بحثتُ عنكَ في السماءِ

وعلى الأرض ارتشفتك دواء

إنِّي أراكَ في الفنجانِ

وأشمُّكَ في عطر الإنسان

وأراكَ في حلمي

ومحبرتي وفي ذروة عقلي..

بل عند الهذيان..

قاعُ فنجانِكَ

قالتْ:

في قاعِ فنجانٍ قهوتِكِ الكثيرُ

طريقٌ وحمامٌ

سفرٌ طويلٌ

أحلامٌ من أنهارٍ

أوراقٌ تبوحُ بالأسرارِ

مدينةٌ ليسَ بها أسوارٌ

وعيونٌ تخرجُ من نارٍ

تنفثُ دخانَ سيجارٍ

فيلٌ قطعَ نابَه الأيمن

طاووسٌ وديكٌ ونعامةٌ

وامرأةٌ ومرآةٌ وأقنعةٌ وسوارٌ

بئرٌ تتقي الحقيقةَ تشتهي الوهمَ

حطبٌ ونارٌ

نساءٌ ورجالٌ

دفاترٌ وأقلامٌ

حديثٌ في الصّمتِ يدورُ

عقاربُ الساعةِ تعبتْ من الانتظارِ

الزمنُ نفسُه، الساعةُ نفسُها

الصوتُ نفسُه، الخيالُ، الأحلامُ

كلُّها نفسُها

قالتْ

في قاعِ فنجانِكِ دمعةٌ لا تجفُّ

وقلبٌ لا ينامُ

خلفَ النوافذِ

أطوفُ في المساءِ بشوارعِ مدينتي العمياءِ

شوارعُها لا تكفُّ عن الكلامِ

أنفاسُ المجهدينَ خلفَ النوافذِ

تنظرُ

تبحثُ عن سجادةٍ للصلاة

تصرخُ الذِّكرياتُ

الوحدةُ تغرقُ السلالمَ

لأنَّها ما عادَتْ تشعرُ بالأقدامِ

حتى أرواحُ الموتى اختفَتْ وسطَ الزّحامِ

لا شيءَ هنا في مدينتي

غيرُ الظلامِ

الشَّوقُ

أداري الشوقَ

المختبئَ في حنايا قلبي

يشدُّني إليكَ ذاكَ الحنينُ بقوةٍ

يأخذُني نحوَك

فأدسُّ رأسي في عناقٍ

كحلمِ اللقاءِ

أسمعُ قلبَك يناجيني

يردِّدُ اللحنَ على مسامعي

يراقصُ الحبَّ

الواقفَ عندَ قارعةِ الطريقِ

تخرجُ الكلماتُ من فمِ الضّحكاتِ

وتهمسُ في أذني:

أنتِ حبيبتي

متاهات

تلتصقُ بروحي

ذراتٌ من الاغترابِ

أشعرُ بالغيابِ

وأستشعرُ البعدَ كبردٍ قارسٍ

يمتصُّ عروقي

وجعٌ يسافرُ بي نحوَ سرابٍ

أتخبَّطُ حينها في متاهاتٍ

تسوقُني لضياعٍ

تركضُ بي الخطى نحو حلمٍ

لا يشبهُ الحلمَ

وحقيقةٌ لا تشبهُ الواقعَ

ووهمٌ لا يشبهُ الخيالَ

وفرحٌ لا يشبهُ السعادةَ

حزنٌ لا يشبهُ الألمَ

يتساقطُ كأمطارِ نيسانَ

من فوقِ أجنحةِ الحمامِ

فتنبتُ من خيباتِه

زهرةٌ من دمعةٍ منسيَّةٍ

زحامٌ

أقفُ على حافةِ الطريقِ

كياسمينةٍ وسطَ شقائقِ النعمان الحزينةِ

تمنّيتُ لو أطيرُ

وأهربُ من زحامٍ يطوّقني

أريدُ أنْ يبعدَني ألفَ ميلٍ

تراءَتْ بوجهي رقصاتُ سرورٍ

فكيفَ أخرجُ وأحلق نحوَ النورِ

أتركُ الفوضى

أطوّقُ كلَّ ما حوالي بسياجٍ

وأغلقُ بوابةَ الجسورِ كي لا يعودَ

بقعةُ ضوءٍ

إنَّها العاشرةُ

عقاربُ الساعةِ لا تتوقَّفُ عن الجري

الوقتُ وراءَها

نبضاتُ قلبي تدقُّ

أنفاسُ المكانِ خانقةٌ

تسكنُها العفاريتُ

خوفٌ يسكنُ قلبَ الظلامِ

بقعةُ ضوءٍ

تسلَّلتْ من ثقبِ الحائطِ

وأنا في زاويتي المظلمةِ

أحاولُ الزحفَ نحوَها

أسمعُ تمتماتِ اللوحاتِ

المعلَّقةِ على الجدرانِ

صوتٌ

بيدِه حلقةٌ من المفاتيحِ

صدأ

للأبوابِ غرفٌ مهجورةٌ

أحاولُ الوصولَ إليها

لكنَّها

أغرقَتْ جسدي في بركةٍ لزجةٍ

وما زلتُ أنظر إلى بقعةِ الضَّوءِ

أسراري

أسافرُ في عالمِ الوعيِ واللاوعيِ

في أعماقِ البحرِ

وأغوارِ الجبالِ

بينَ حباتِ الرمالِ

وأسراري الخفيَّةِ

في دفاتري القديمةِ

حيث كنتِ أنتِ

فأينَ أنتِ يا أنتِ

أتعبَني السفرُ

ورحلةُ البحثِ الطويلةُ

تحتَ الأقنعةِ الملتهبةِ

لم تبقَ معي سوى

دمعٍ يتيمةٍ، وظلٍّ ينزفُ

وتميمةِ ذكرياتِك

الأوجاعُ

طلبَت منها الرحيلَ

وأنا أصعدُ سلمَ الذكرياتِ

وأركلُ الأوجاعَ فيها

يتساقطُ الوردُ بعدَ أنْ

كسرَتِ المزهريةُ البيضاءُ فوقَ الطاولةِ

ليسَ هناكَ طريقٌ

لكنَّ

الضحكةَ والدمعةَ امتزجتا

وصارتْ كلُّ منهما تكملُ الأخرى

لا ضحكةَ دون دمعةٍ

ولا دمعةَ دون ضحكةٍ

تسكنُ كلُّ منهما الأخرى

كالماءِ والأرضِ

المرايا

أصواتٌ لا تعرفُ إلّا الصمتَ

كتبتُ فوقَ المرايا

تمنَّيتُ لو أنِّي أستطيعُ

تغييرَ الفصولِ والأدوارِ

حيثُ كلُّ شيءٍ يضيقُ

كتبتُ فوقَ المرايا

وشوشة

طلبتُ منها السفرَ

فوقَ جناحِ الريحِ

كتبتُ على أجنحة

تنهّداتِ قلبي

تتمنّى، وتتمنّى

لعل أحدًا يسمع

أصواتٌ لا تعرفُ الصمتَ

أتفرَّسُ في المرآةِ

لعلي أجدك في الذات

حيثُ لا ينفكُّ الغيابُ عنها

كأنَّها النبوءةُ في الكتابِ

فأخرجُها من خاصرةِ السنينَ

حيثُ يسكنُها يوسفُ

وتكتبُ فوقَ المرايا

أصواتًا لا تعرفُ الصمتَ

رغبةٌ مخنوقةٌ

جسدٌ يتعرَّقُ

رغبةٌ مخنوقةٌ فيه

الأماني تنحسرُ

في الزوايا المعتمةِ

أرى انعكاسَها

أشباحًا تسقي الظلامَ

قبلةٌ من خمرٍ

وضحكةٌ من جمرٍ

جسدٌ يتعرَّقُ

في عرقِه أغرقُ

غرقَ فيه سكارى الأساطيرِ

ليسَ حلمًا

ليسَ وعيًا

لكنِّي لا أُدركُه

إنّها الريحُ أسمعُها

ها هي تلهثُ خلفي

ألتفتُ إلى المصباحِ

لعلِّي أرى انعكاسَها

يمتلئُ قلبي بغصَّةٍ

تؤجِّجُ أضلاعي

يخنقُه صوتُ أغنيةٍ

ودمعةٌ من ذكرياتِ الطريقِ

يلملمُ نزفَ لحنِها طيرٌ جريحٌ

وتبقى رغبةٌ مخنوقةٌ

حتى وإنْ تلاشى كلُّ شيءٍ

في غيابكَ

أقولُ للغيابِ

أنا أرضُ القصيدةِ

ما عادَ يزهرُ حرفُها

في الغيابِ

ما عدتُ أرتوي من نبيذِ الشعرِ

في الغيابِ

ما عادَ شيءٌ يغويني إليهِ

بقيتُ عاريةَ الأقدامِ

بساطُ الريحِ

يحملُني حيث الأحلامُ

التي أغرقتْ آلهةَ الشعرِ

في بحيرتِها تنهّداتي

في المساءِ

النافذةُ والبابُ والسجادُ

والدفاترُ والأقلامُ وحتى وسادتي

يسكنُها الغيابُ

ليلةَ أمسٍ

كفرَ العاشقُ بكلِّ القصائدِ

فصلبَ فوقَ أسوارِ الجحيمِ

وجدتُكَ

وجدتُك أنت

حين غادرتْ وجهي

الضحكاتُ والأحلامُ

مقبلًا نحوي

محرِّرًا روحي

وجدتُك أنت

حين أغرقتْني دمعتي في بحرِ حزنِها

تزيلُ الشوكَ من مساماتِ جلدي

وجدتُك

تفكُّ أوتارَ قيدي

وتنزعُ عنّي خمارَ الصمتِ المريبِ

حين زرعتْني السنون

في صحراءِ الجليدِ

وجدتكَ أنت

ومن خلفِ البابِ وجدتك

تهدهدُ الشمسَ

مللت حينها الانتظارَ

كعالمٍ منسيٍّ عاجزٍ عن النطقِ

استللتُ قلمي، وكتبتُ قصيدة

عنوانُها: فجرٌ جديدٌ

مخدّةٌ خاليةٌ

بابٌ مغلقٌ

مخدّةٌ خاليةٌ

فراغٌ باتساعِ المدى

صوتُ سرابي قادمٌ

يصرخُ من منفاهُ الضريرِ

يبصرُ في العتمةِ

لأنّ الآلهةَ منحتْه ذلك

منذ ألفي عامٍ

جنيةٌ تزورُ ليلًا الشوارعَ الخاليةَ

تبحثُ عن سيدةٍ تصنعُ تماثيلَ

من خزفٍ للمنكسرةِ قلوبُهم

تعجنُها بأنقاضِ دمعِ المعذَّبين

تحيطُ بها أرواحُ الموتى

تجثو صرخاتُهم، وتختفي أصواتُهم

كحلمٍ عابرٍ

من القبابِ البعيدةِ

علتِ الأصواتُ

وسيدةٌ تمشِّطُ شعرَها بالوجعِ

وأخرى

تبحثُ عن خيوطٍ تخيطُ بها ثوبَها

وتنقشُ فوقَ صدرِ القمرِ

طريقًا لمهرِّبها

لا تأبهُ لوخزِ الإبرةِ بأصابعِ يدها

وأخرى

لا تأبهُ لكلِّ الفوضى حولها

حتى إنّها لا تسمّي الأشياءَ بأسمائها

وتركلُ برمشيها كلَّ ذرواتِ انكسارِها

مع اكتمالِ القمرِ

مردِّدةً: هنا تكونُ العدالةُ ويحكمُ

فيها الحكمَ الأخيرَ

الندمَ يمضغونَ

الصمتُ عابرٌ

القلوبُ مسكونةٌ بوجعِ الترقُّبِ

بوابةُ الحزنِ مشرعةٌ

العابرونَ استظلُّوا بفيءِ الخوفِ

تتهشَّمُ القلوبُ بلا مبرِّرٍ

وهي حبلى بالدموعِ

يمضغونَ الندمَ

لأنَّهم أرادوا مسابقةَ الريحِ

نخبُ الانتصارِ

عندما يُحشرُ في جهنَّمَ

سأرفعُ وقتَها نخبَ الانتصارِ

فيشتدُّ عودي، ويقوى مرة أخرى

يثمرُ شجرُ الرمانِ

يكسرُ عصا الندمِ

فيخفقُ قلبُ الوردِ دهشةً

برغمِ صقيعِ المساءِ

يستيقظُ الحبُّ وفي فمِه عقدُ ياسمين

يلبسُني إياه كعروسِ النيلِ

صوتٌ من أعماقِ النهرِ يناديها

يبعدُ عنها رعشاتِ الخوفِ

تتراجعُ للخلفِ خطواتٍ

تعيدُ بعدَها عدَّ الأسماءِ

لترمي حروفَ الشيطانِ

في نارِ عشتارَ

العودة من الشتات

أحتاجُ أن أعيدَ نفسي

أَلملمَها من شتاتِها

لا بخدوشٍ أو قيودٍ أو جراحٍ

أحييها قبل أن تغرقَ

في وحلِ الشيطانِ

أبعدُ عنها يأسَ الجنونِ

أريدُ أن أشربَ معها

كأسَ الانتصاراتِ العظيمةِ

كي تنسى رعشةَ الخوفِ

الذكرياتُ الموجعةُ

وهي تحاصرُ جدراني

المختبئةِ في صدرِ قميصي

أريدُ لرعشةِ جسدي أن تتوقَّفَ، وتُصغي لصوتي

في فنجانِ قهوتي

كلما احتسيتها

اشتدَّت بي رغبةُ الحبِّ في الحياة

الوردُ والمرجُ

كيفَ أقطفُ من المرجِ وردًا

وبيدي نزفٌ من جرحٍ خفيّ

وصلاتي مبتورةُ الأوصالِ

وأنفاسٌ لا تتوقَّفُ عن التفكيرِ

وصراخٌ خفيّ يتبعُني كظلِّي

يطلبُ منِّي البوحَ بالوجعِ

وفي داخلي صمتٌ يميتُ، ويحيي

ورجفاتٌ كأنَّها من الأزلِ

وصوتي ناحلٌ

وكلماتي كثوبٍ مهترئٍ

فكيفَ لي بالبوحِ

وهو يتزاحمُ رعشةً وخوفًا

الضوءُ والظلامُ

والصمتُ والكلامُ

متعبةٌ كنبعٍ جافٍّ

والقلقُ ما زالَ يبحثُ عن الكلامِ

والسيدةُ التي لا تنامُ

وجهُها يقتربُ منّا خطواتُه متعبةٌ

تتضحُ الصورةُ

تفيضُ ملامحُها

بياضًا يتوهّجُ

أغمضتُ عيني، وأدخلتُ صورتها برأسي

لأنامَ

يا صغيري

آهِ، ما أشهى الأحلامَ

حين تنسابُ من عينيكَ

يراقصُ الفرحُ ثغرَكَ

لذلك أكتفي بقبلةٍ أضمّها وتضمّني

يهدهدُ النسيمُ العذبُ حينَها أيامي

في يديكَ وجدتُ ملاكي

إنّه سحرُ الجنّةِ

أمسحُ بكفّيكَ وجهي

أغسلُ لعنةَ الأحزانِ

يا صغيري

هذهِ الأيامُ تمرّ،

تطوي المسافاتُ فيها هذياني

أختلي بنفسي في خلوةٍ بالدمعِ

تحييني، أمحو وجعَ زماني
كم أشتهي أنْ يطيبَ العمرُ بياسمينِ الأماني

هسهسةٌ

هسهسةٌ هذا الوجعُ

شهواتٌ تتفجرُ من خمرِ الليلِ

يبحرُ فيه القمرُ

غريبةٌ هذهِ السماءُ

لم يعدْ ضوءُ النجومِ يحتوينا

وكأنَّ الأشجارَ حافيةٌ

انبجستِ النارُ من الخوف

تأكلُ السعادة

هكذا تكون البداية

يقطرُ القلمُ حروفًا

يترنّح صوتُ الريحِ في القصيدِ

مشتعلةٌ هذه الكلماتُ وكأنّها خرجَتْ من سرَّةِ الماءِ

فمن يخلّصني؟

الزمنُ يحبسُني

وعقاربُ الساعةِ توقَّفت

أغادرُ، ويغادرُني صوتي

حصارٌ يلفُّ حبالَه

أقنعةٌ عطشى، أغنياتٌ

تاهَتْ في المنافي

النوارسُ تلملمُ ذكرياتِها

وتجرجرُ صغارَها

ترحلُ صوبَ السرابِ

تبقى الدهشة

تلفُّ وجهَ الغيمِ في السماءِ

تبقى الهسهسة برأسي

عن وطنٍ
كان حرًّا واعتقلَ
عن أنثى تاهَتْ في بحرِ الكلماتِ

النجمات

بين أحداقِ العذارى

جناحُ الصبحِ مكسورٌ

وشهقةُ الشهوةِ عيونٌ ومرآةٌ

تسكنك في سجنِ الخريفِ

ينزفُ من ورقِه الحياءُ

وتنبتُ المغرياتُ

يظلّل حلمي

عشقٌ يعبرُ،

يتلبّسُ مقلتيك

ويبقي في سفرٍ عابرٍ

يبحثُ عن مخبأٍ

في كفِّ النجماتِ

عودةُ الروح

من سرَّةِ الوجعِ تنفجرُ الآهاتُ

هذياني كأوراقٍ ترفضُ الذبولَ

يفاجئُ السقوط

بنوار يخترقُ جدرانَ الظلماتِ

هيهاتَ أن يستسلمَ الشعرُ

لوسواسِ الخيباتِ

ومن شرفتي تدقُّ الأجراسُ

وبعينيَّ أتأمّلُ

السماواتِ تتراقصُ فيها

آلافُ النجماتِ

يوشوشُ وشاحي عطرُ

النسماتِ

تتآزرُ المسافاتُ

وتدثّرُ أحرفَ القصيدةِ بالدعواتِ

تنهشُ الخوفَ من حضنِ المساءاتِ

دمُ الطفولةِ

سأغزلُ من دمعِ الطفولةِ

من دمِ الطفولة

من أشلاءِ الطفولة

ثوبَ عرسٍ لكِ غزَّة

وأكتبُ فوقه بالدمِ

أسماءَ الشهداءِ

صاحَ الشهيدُ

هلِّلي، يا أمّاه

النصرُ قريبٌ

كما القلبُ يجاورُ الرئةَ

الشهداءُ عشاقُ الأرضِ

يسقطونَ شهيدًا وراءَ شهيد

النصرُ مكتوبٌ على صدرِ المدى

هذا ما أخبرنا الصدى

إنّه قريبٌ، قريبٌ

أمّاه، لا تبكي، ولا تندبي

عيناكِ ثمينتانِ

سوف تبرقانِ غدًا

فوعدُ اللهِ لا يخلفُ

والنصرُ آتٍ، آتٍ

لا محيدَ

لا محيدَ

أحبُّكَ

مثلَ شجرةٍ باسقة

أحبُّكَ تضيءُ

مثلَ شمعة

أحبُّكَ كغصنٍ يقاومُ الانحناءَ

أحبُّكَ شعلةً للقلب

يعرفُ كيفَ ينطقُ بالحبِّ

لا يسجنُ النبضَ

ولا يغادرُ

يرسمُ لي السماءَ والأرضِ على وجهِ القمر

ويعزفُ لحنَ الخلودِ ببابِ الضجر

أحبُّكَ شمسًا وعطرًا ونايًا يغنّي

وقتَ التمنّي

ويرقصُ طربًا يومَ الخطر

أحبُّكَ حلمًا بسعةِ الكونِ

وهمسِ الكونِ

ولغةِ العيونِ

أحبُّكَ بحرًا ونهرًا

أحبُّكَ كفًّا تخضّبُ الأرضَ بالزرعِ العفي

وقلبًا نديًّا وروحًا شفيفًا

أحبُّكَ بينَ البرايا بلحني الحنونِ

عشتارُ

أنا عشتارُ الجسدِ الثائر

أنا ثورةُ العشقِ والخمر

الفتونِ والمجونِ والجنون..

أنا السحرُ الملعونُ، الموشوم

فوقَ جسدِ الشيطان..

أنا الإنسانُ، والروحُ،

البوحُ والعشقُ والنور.

أنا القلبُ النائمُ بين الليلِ والفجر

أنتظرُ الصوتَ القادمَ من أعماقِ هواك.

أنتظرُ ربيعَ العمرِ يمرُّ،

وفي أحشائي منكَ حنان.

أنا الضدانِ

أنا همومُ العالمِ حين أعودُ إليك،

أغنّي

حينَ تغيبُ يعودُ الطينُ

إلى أحلامي، أتشبَّثُ بالأرض.

وأظلُّ أصارعُ خوفَ الرغبةِ فيك

حتى وأنتَ بعيد.

وحدتي

من أعلى عليينَ وقعتُ

وانحدرتُ

مثلَ شلالٍ

نزلتُ

واستسلمتُ

لقوةِ البركان

في الزمنِ العجيب

وغدوتُ لا خلَّ لي

ولا حبيب

وجلستُ أبحثُ عن حبيبٍ

عن تائهٍ منّي قريب

ومشيتُ في كلِّ الطرق

والقلبُ في صوتِ القلق

والصوتُ يأتي من بعيد

وأحسُّ أنّي كالغريب

لكنما قلبي عنيد

أمشي ودربي المستحيل

والليلُ بالعتمةِ طويل

أمشي وخلفي ألفُ بابٍ

ويردّني صوتُ الذئاب

فأعودُ للجرفِ الأخير

أعودُ يقتلني الضمير

وسقطتُ دون إرادتي

كم أهلكتْني وحدتي

السيرة الذاتية للشاعرة
منار السمَّاك

شاعرة وقاصة بحرينية –نقابية وناشطة في حقوق المرأة

البحرينية والعربية

–عضو أسرة الأدباء والكتاب البحرينية

–عضو في المنبر التقدمي

–عضو سابق في لجنة المرأة والطفل بالاتحاد العام

لنقابات عمال البحرين

–عضو سابق بمركز عبد الرحمن كانو الثقافي

–عضو سابق بملتقى القصة القصيرة بأسرة الأدباء

والكتاب

–عضو سابق باللجنة التنسيقية بملتقى القصة القصيرة

بأسرة الأدباء

- مسؤول العضوية ورئيس اللجنة الثقافية بجمعية المحافظة الجنوبية سابقًا.

- أمين السر ورئيس اللجنة الإعلامية والثقافية باللجنة الوطنية للمتقاعدين سابقًا

- عضو بملتقى الشعراء العرب ومسؤولة ملف الخليج في مجلة أزهار الحرف

- عضو بمختبر سرديات البحرين

- عضو بمنتدى البحرين الإبداعي واللجنة التنسيقية ومن مؤسسي المنتدى

الاهتمامات:

-كتابة وقراءة الشعر والقصة

-الأمور النسوية والاجتماعية

-شاركت في عدد من الورش والدورات والمؤتمرات المتخصصة في عدة مجالات تخص المرأة وحقوقها ضمن الاتفاق الدولي داخل وخارج البحرين، أذكر منها:

-شاركت في عدد من الأمسيات الشعرية والأدبية والاجتماعية على وسائل التواصل الاجتماعي المتعددة وعدة مراكز وجمعيات منها، مركز شباب جدحفص، المنبر التقدمي وجمعية المرأة البحرينية

-مركز كرزكان الثقافي والرياضي، مركز عبد الرحمن كانو الثقافي، أسرة الأدباء والكتاب البحرينية، الجمعية

الأهلية للتلاحم الوطني وغيرها كما شاركت في لقاءت تلفزيونية وإذاعية في مصر والمركز العالمي للدراسات العربية البحوث التاريخية والفلسفية بباريس

– شاركت في إدارة عدد من الأمسيات والمؤتمرات داخل البحرين وخارجها

صدر لها:

في مجال القصة إصدار بعنوان "إليك أكتب"، وفي القصة القصيرة "سم الأفعى". ومضات "قال أحبك ورحل" و"غياب" قصص قصيرة.

– نشر لي العديد من المشاركات في عدد من الصحف والمنتديات البحرينية والخليجية والعربية، كما نشر لي بعض من القصائد والقصص والمقالات

الفهرس

اسكرايب
للنشر والتوزيع